PLATINUM PUBLISHING, LLC
RODGERS HOWARD JR
ILLUSTRATIONS BY KERSLY POTTER

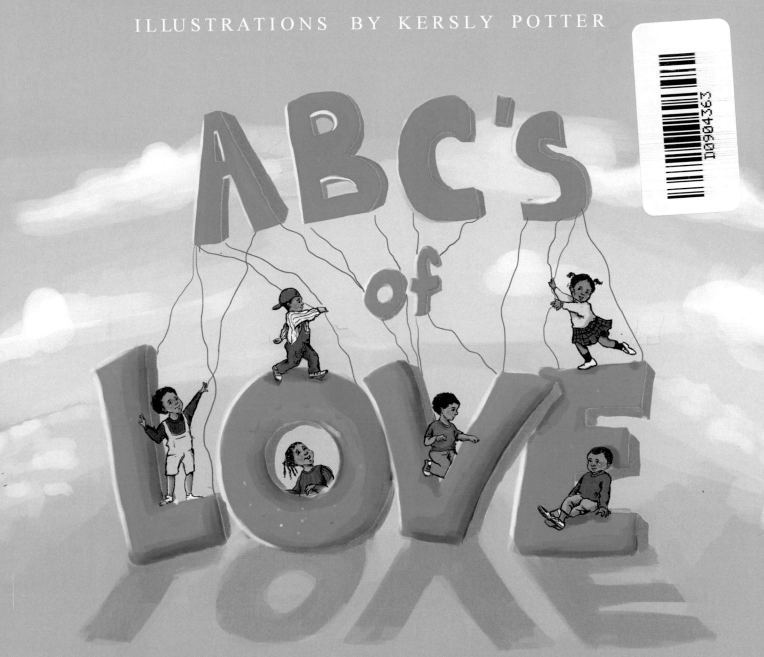

ABC's of LOVE

Love is Affection

Love is Brave

Love is Caring

Love is Dedication

Love is Excellent

Love is Family

Love is Giving

Love is Happiness

Love is Imagination

Love is Joy

Love is Kind

Love is Loyalty

Love is Memories

Love is Noble

Love is Ownership

Love is Patience

Love is Quality

Love is Respect

Love is Safety

Love is Trust

Love is Unity

Love is Value

Love is Wisdom

Love is Xfactor

Love is Yen

Love is Zest

LOVE IS A VERB
Meaning Action Word